kegeln

kegeln

Ein Wörterbuch für Kegler,
Bowler und alle, für die diese
Sportarten über jede andere gehen

Von A. Tetzlaff
mit Zeichnungen von K. H. Brecheis

TOMUS

Druck: Schwabenverlag, Ostfildern
3 4 5 91 90 89

ISBN 3-8231-0123-4

abräumen:
„Da haben sie hier 36 Bahnen, und ausgerechnet auf unserer muß sie mit dem Putzen beginnen.“

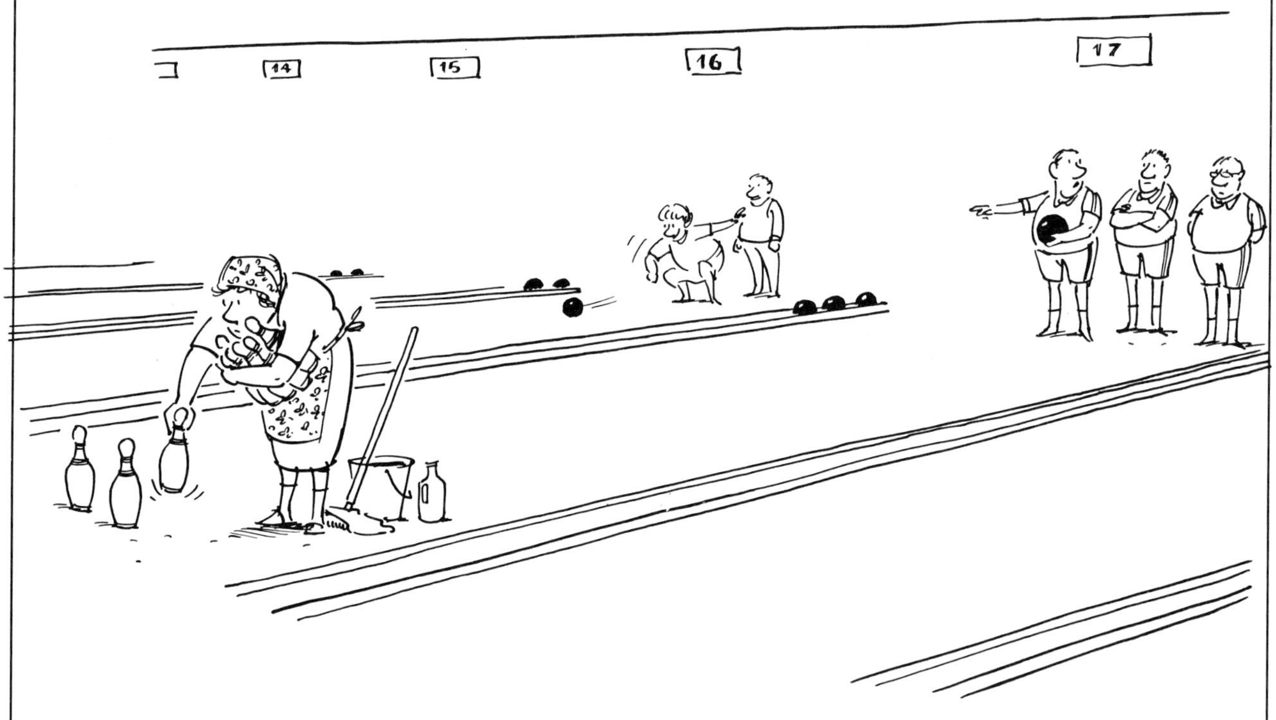

A

abräumen

Aufforderung an den Spieler oder die Spielerin einer Mannschaft, Schnaps- und Biergläser auf einem Tablett zusammenzustellen, damit die Bedienung die nächste Runde auf dem Tisch abstellen kann. Die Bitte ergeht auch bei bestimmten Mannschaftsspielen an den- oder diejenige(n), der oder die an der Reihe ist. Dann sind die Kegel gemeint, die vom letzten Wurf stehengeblieben sind, beispielsweise zwei links, zwei rechts. Während die erste Bitte in der Regel sofort und freudig erfüllt wird, tun sich die meisten bei der zweiten schwerer und können ihren vollmundigen Ankündigungen die Tat nicht folgen lassen (siehe auch „anlaufen“!). Merke: Der Spieler oder die Spielerin von Welt schweigt zunächst und läßt sich im Erfolgsfall um so mehr feiern.

Anlauf

Wegstrecke, die der Spieler benötigt, um zur Höchstform aufzulaufen. Beim Wirtshauskegeln wird dieser A. häufig von der Schnelligkeit beeinflußt, mit der Ober oder Kellnerin die zum Aufwärmen (siehe dort!) benötigten Getränke heranschaffen können.

---

anlaufen

Unvermittelt auftretende Verfärbung des Gesichts. Tritt zum Beispiel bei einem Spieler auf, der gerade eben noch großspurig getönt hat, er würde die noch stehenden Kegel mit dem nun folgenden Wurf mit einemmal abräumen (siehe dort!), und statt dessen mit der Kugel die Bande touchiert. In der Regel zeichnet sich das A. des Gesichts in Form kleiner roter, hektischer Flecken ab und weicht schnell einer Totenblässe.

Als Gegenmittel empfiehlt sich das Abwenden des Kopfes oder der Griff zum Bierglas.

Anpassungsfähigkeit Bezeichnung für den Versuch eines Gastspielers, sich den Gegebenheiten einer ihm zunächst noch völlig unbekannten Kegelbahn anzupassen und vor allem die Gewohnheiten der Kegelrunde schnellstmöglich anzunehmen. Erfahrene Spieler sehen sofort bei Betreten des Wirtshauses auf die draußen aushängende Getränkekarte, damit sie wissen, worauf sie sich finanziell einlassen.

Anzeigetafel Schaubild, das Sieg oder Niederlage, gute oder schlechte Würfe anzeigen soll – falls nicht gerade wieder einmal eine Störung vorliegt. Wieso die A. bei einem Kranz (siehe dort!) oder bei „Alle neune!“ besonders hektisch blinkt, entzieht sich verstandesmäßiger Beurteilung (oder scheint es dem erfolgreichen Spieler womöglich nur so?).

Asphalt Für die Lauffläche von sogenannten Asphaltbahnen verwendeter, 2,5 bis 3,0 cm dicker Belag auf Betonuntergrund. Soll so aufgetragen werden, daß die rollende Kugel den geringstmöglichen Widerstand findet, also eben und glatt. Wieso die Kugel dennoch, auch wenn diese Kriterien voll erfüllt sind, auf der 18,5 Meter langen, völlig ebenen und völlig glatten Asphaltstrecke so häufig einen anderen Lauf nimmt als vom Spieler gewünscht, müßte einmal zum Thema einer Doktorarbeit gemacht werden. Am Material, dem A., kann es nicht liegen. Woran aber dann?

Asphalt:
„Jetzt haben die hier die Bahn
immer noch nicht in Ordnung gebracht!“

Astrospiel:
„Können wir die Null stehen lassen,
oder glaubst du an ein Wunder, Albert?“

Astrospiel

Obwohl grundsätzlich allein in den Sternen steht, wie der gerade aufgerufene Spieler beim nächsten Wurf abschneidet, bietet das A. eine hervorragende Möglichkeit, den größten Maulhelden jeder Kegelrunde sozusagen „amtlich" zu entlarven. Die Spielregel beim A. sieht nämlich bekanntlich vor, daß jeder Spieler *vor* seinem Wurf vorhersagt, wieviel Holz er wirft. Nur wenn diese Vorhersage stimmt, bekommt er den Wurf gutgeschrieben. Der kluge Spieler, der sich lieber nicht blamieren möchte, lehnt das A. als langweilig ab.

Aufsetzer

Dem A. oblag in früheren Zeiten die wichtigste Aufgabe: dafür zu sorgen, daß nach jedem Wurf die Kegel wieder aufgestellt wurden. Im Zeitalter der vollautomatischen Kegelbahnen rekrutiert sich der A. aus dem Kreis der Spieler. Er muß immer dann einspringen, wenn die Automatik aus irgendwelchen Gründen „spinnt", den Schaden zu beheben versuchen, die Kegel, die sich an ihren Schnüren hoffnungslos verheddert haben, zu ordnen und erneut aufzustellen – bis zur nächsten Panne. Daraus erhellt, daß dem A. trotz aller technischen Fortschritte nach wie vor eine überaus wichtige Rolle zufällt.

aufwärmen

1. Gymnastische Lockerungsübungen des Sportkeglers, die mit Probewürfen vor Beginn des eigentlichen Wettkampfs abgeschlossen werden.
2. Gymnastische Lockerungsübungen des Wirtshauskeglers, bei denen zur Stärkung der Armmuskulatur ein Glas gestemmt werden muß, das mit sogenanntem Zielwasser (siehe dort!) zu füllen ist. Auch diese Art des A. endet in der Regel mit Probewürfen.

aufwärmen, intensiv	Die zweite Runde der ersten unmittelbar folgen zu lassen, noch ehe jemand eine Kugel in der Hand gehabt hat.
ausflippen	Ausdruck aus der Drogenszene, der längst Eingang auch in das Vokabular jedes anständigen Keglers gefunden hat; bezeichnet den Zustand eines einzelnen Spielers oder einer ganzen Mannschaft, wenn die alles entscheidende Kugel die Bande berührt hat.
Ausflugsziel	Während das Ziel des Keglers, nämlich die Kegel, während des Kegelabends nur ungefähr zwanzig Meter entfernt ist, liegt das A., das von der ganzen Kegelrunde ein- oder zweimal im Jahr anvisiert wird, häufig weit in der Ferne. So sollen schon Kegelclubs aus dem deutschsprachigen Raum beim weltberühmten Karneval in Rio bei dem Versuch beobachtet worden sein, dort in die vollen zu gehen. Merke: Je schlechter gekegelt wird, desto voller die Kasse und desto weiter entfernt liegt das A. Der solide Kegelfreund bescheidet sich mit einem A., das nicht mehr als anderthalb bis zwei Flugstunden von der Heimat entfernt ist, z.B. Mallorca (siehe dort!).
auslosen	Vorgang während des Wirtshauskegelns, bei dem mittels Spielkarten oder auf andere Weise die zufällige Zusammensetzung der gegeneinander spielenden Mannschaften festgelegt wird. Wieso einander sympathische, aufeinander eingespielte Kegler häufig durch Losglück zueinanderfinden, bleibt ein ewiges Geheimnis – genau wie der erstaunliche Umstand, daß die auf diese Weise zusammengekommene Supermannschaft oft genug dann doch den zweiten Sieger abgeben muß.

aufwärmen, intensiv

B

Bahnen

Zerfallen in vier Arten:
a) Asphaltbahn (28,50 Meter lang)
b) Bohlenbahn (32,50 Meter lang)
c) Scherenbahn (26,75 Meter lang)
d) Bowlingbahn (zwischen 25,21 und 25,68 Meter lang).

Wieso ein Spieler auf a), der andere auf b) oder c) schwört, läßt sich aus seiner Sicht zwar begründen, stößt aber beim eingefleischten Anhänger der jeweils anderen Bahnart auf totales Unverständnis. Dabei wird die Vorliebe in der Regel allein durch den Zufall bestimmt: Die Bahnart, auf der man kegeln gelernt hat, bleibt einem die liebste. Merke: Ein Kegler wird durch den Anblick der ersten Bahn geprägt, ähnlich wie Konrad Lorenzens berühmte Graugänse. Daß ein Spieler, der auf einer Bohlen- oder Scherenbahn gelernt hat, darüber hinaus am besten auf seiner „Hausbahn" (siehe dort!) zurechtkommt, wird jeder bestätigen, der sich einmal auf einer fremden Bahn versucht hat und feststellen mußte, wie verzogen das Holz, wie verschieden die Kehlung dort ist – kein Wunder also, wenn die eigene Klasse gar nicht richtig zur Geltung kommt.

Bahnzubehör

Während der Sportkegler seine Anforderungen an das B. ganz nach den Vorschriften ausrichtet, die der DKB (siehe dort!) aufgestellt hat, sind für den sogenannten Wirtshauskegler (siehe dort!) ganz andere Kriterien maßgeblich: Tische mit ausreichender Bestuhlung, genügend Bierfässer, gut gekühlt, die sich mittels

Bahnzubehör:
„Darf ich euch mit der wichtigsten Einrichtung der Bahn hier vertraut machen? Das ist Susi, sie wird heute abend unseren Tisch bedienen.“

Zapfhahn durch eine gewiefte Bedienung hinter dem Tresen leeren lassen, und eine gut assortierte Bar. Des weiteren gehört zum B. eine Küche, die bis zur Sperrstunde arbeitet und möglichst jeden, auch den ausgefallensten Wunsch nach einem speziellen lukullischen Genuß befriedigen kann.

Ballentnahme Rituelle Handlung beim Bowling, bei manchen Spielern mit allerlei Kinkerlitzchen verbunden, die ihren Ursprung in mittelalterlichen Beschwörungsformeln haben. Inwieweit damit tatsächlich eine Resultatsverbesserung erreicht werden kann, bleibt das Geheimnis des Betreffenden. Daß man mit bestimmten Kugeln besser werfen kann als mit anderen, gehört eigentlich in das Reich der Fabel, entspricht aber dennoch den Tatsachen.

Bande Grundsätzlich nicht die eigene, sondern die gegnerische Mannschaft, auch wenn dort durch Losentscheid ausgerechnet die Menschen mitspielen, die man am liebsten hat.

Bauer Bezeichnung für den linken oder rechten Eckkegel, die sich immer dann als besonders standhaft erweisen, wenn es gilt, z.B. bei der „Schlaraffia-Partie" genau einen von ihnen und sonst keinen zu treffen. Der einzige B., der nicht subventioniert zu werden braucht.

Benehmen Ehrensache für jeden Spieler, sein B. so unter Kontrolle zu halten, daß es niemand spitzkriegt (bei Wettkämpfen vor allem der Schiedsrichter!), wenn er den Gegner bei dessen Wurf durch irritierende Bewegungen oder dumme Bemerkungen aus dem Konzept zu

Ballentnahme

bringen versucht. Beim Kegeln im Wirtshaus sind darüber hinaus noch andere Kriterien überaus wichtig. So gilt es als unschicklich, einen Mitspieler oder eine Mitspielerin unmittelbar vor dem Antritt zum spielentscheidenden Wurf durch das Bestellen einer neuen Runde, das Erzählen eines Witzes mit guter Pointe oder die simple Bemerkung, der Wurf sei schon im Ansatz falsch, ganz gezielt zu verunsichern. Merke: Was du nicht willst, daß man dir tu, das füge auch nicht andern zu (Deutsche Volksweisheit).

Berechnungsart Mit Zustimmung aller Spieler vorgeschriebenes Rechenexempel, das nach Ende des Spiels zur Aufstockung der Kegelkasse führt. Von der B. hängt vor allem die Entfernung des Ausflugsziels ab (siehe dort!).

Berg- und Talfahrt Beliebtes Spiel, bei dem jeder Spieler einer Mannschaft bekanntlich zunächst mit drei Wurf in die vollen gehen darf. Vom Ergebnis des ersten Durchgangs wird das des zweiten abgezogen. Die Mannschaft mit der höchsten Punktzahl wird Sieger. Ein „Pudel" (siehe dort!) zählt beim ersten Durchgang, der Bergfahrt, 0 Punkte, bei der Talfahrt 9. Wieso die Pudel dann in der Regel grundsätzlich bei der Talfahrt geschoben werden, fällt in die Rubrik „Unerforschlicher Ratschluß", es sei denn, man akzeptiert die Erklärung, daß es immer schwieriger ist, einen Berg hinunter als hinauf zu kommen.

Berlin-Reise

a) Mannschaftsspiel, bei dem auf der Anschreibtafel zwei Routen nach Berlin aufgezeichnet werden. Die eine Partei startet irgendwo in West-, die

Berechnungsart

andere in Süddeutschland. Die Strecken haben bis zu sieben Zwischenstationen. An einigen müssen Sonderaufgaben erfüllt werden, die Umwege notwendig machen, wenn sie nicht wie vorgeschrieben erfüllt werden. Mit jedem Schub kommt man Berlin näher. Wer zuerst am Ziel ist, hat – wer wollte daran zweifeln? – gewonnen.

b) Mannschaftsspiel, bei dem der ganze Kegelverein per Zug, Flug, Auto oder Bahn nach Berlin abschwirrt, um die Kegelkasse zu leeren. Die magnetische Anziehungskraft der alten Reichshauptstadt beweist die unbestrittene Tatsache, daß zwar die meisten Teilnehmer auf der Heimreise mit brummendem Kopf tönen: Nie wieder, furchtbar diese Sauferei! – und nächstes Jahr vergnügt erneut am Funkturm aufkreuzen.

Bewegungsablauf Beim Sport- wie beim Freizeitkegler möglichst oft geübter Vorgang beim Anlauf, der nach dem dritten Schritt mit der Abgabe der Kugel bei vorgestrecktem Körper in die Schlußphase übergeht. Je perfekter der B., desto besser der Wurf. Jede, auch die geringste Veränderung führt bekanntlich zu einer Resultatsverschlechterung. Der Freizeitkegler ist gegenüber dem Sportkegler insofern im Vorteil, als er sich durch die Einnahme von sogenanntem Zielwasser (siehe dort!) dopen darf, was den B. tatsächlich zunächst sichtlich flüssiger erscheinen und mit oft weltmeisterlichen Ergebnissen enden läßt – ärgerlicherweise hält die belebende Wirkung nicht lange an und kann auch durch verstärkte Doping-Gaben nicht erhöht werden, im Gegenteil.

Bewegungsablauf:
„Sag mal, kannst du nicht im Garten üben?“

Bilderkegeln	Bei Sport- wie bei Freizeitkeglern gleichermaßen beliebt, wenn auch aus unterschiedlichen Gründen. Für die ersteren bietet das B. im Training die Möglichkeit, immer wieder nach Herzenslust auf bestimmte, vorher am Schaltpult (siehe dort!) einprogrammierte Bilder zu werfen, z.B. um richtiges Abräumen zu üben. Für die anderen bedeutet B. dagegen die willkommene Gelegenheit, sich ohne eigentlichen körperlichen Kraftaufwand mit dem Kegeln zu befassen: bei der Durchsicht der Bilder, die beim jeweils letzten Kegelausflug gemacht worden sind, eine vor allem von den Damen einer Kegelrunde gern genutzte Unterbrechung des Wettkampfs.
Bogenwurf	Raffinierte Spielmethode, bei der die Kugel nicht geradenwegs, sondern in leichter Kurve auf die Kegel geschoben wird, eine Bewegung gewissermaßen „aus dem Handgelenk“. Der Sinn dieses B. liegt in der verstärkten Wirkung beim Abräumen und führt zu einer schnelleren Auffüllung der Kegelkasse, weil erfreulicherweise sehr viel mehr „Pudel“ (siehe dort!) zustande kommen als beim normalen Wurf.
Bohlenspieler	Macht’s mit Gefühl.
Bowlingspieler	Der einzige Ballspieler unter den Keglern.
Bräuche	Der Spruch „Streng sind da die Bräuche“ gilt wenn überhaupt bei einer Sportart, dann beim Kegeln. Während sich die Leistungssportler allein mit den Vorschriften des DKB (siehe dort!) auseinanderzusetzen

Bogenwurf

Charakter:
„Aber nun seien Sie doch vernünftig, Herr Buchner, und machen Sie den Herrschaften die Bahn frei! Glauben Sie mir, Ihre Kegelfreunde kommen heute doch nicht mehr."

haben, unterwerfen sich die Freizeitkegler ehernen Gesetzen, die von Kegelclub zu Kegelclub auch noch völlig verschieden sind.
Für den Wettkämpfer gilt folgendes (Aus: „Fibel für Kegelfreunde“ von Georg Bocsai):
„Auch diese Sportart legt Wert auf das Fairplay, den sportlichen Anstand bei Sieg und Niederlage. Der den Wettkampf bestreitende Spieler kämpft nicht nur für sich selbst, sondern auch für seine Mannschaft, seinen Verein oder bei besonderem Können für seine Nation. Da unsere Sportart vor allem eine hohe Konzentration verlangt, kommt es leicht vor, daß im Eifer des Gefechtes der Hang zu Entgleisungen (siehe dort!) obsiegt.“
Daß der „Hang zu Entgleisungen“ bei den sogenannten Wirtshauskeglern seltener zu beklagen ist, dürfte mit der erzieherischen Wirkung zusammenhängen, die von Einzahlungen an die Kegelkasse ausgeht.

Bundesliga, erste Spitze der Kegelpyramide, jeder will hinein, keiner hinaus, zwei aber müssen.

C

Charakter Eigenschaft, die jedem Kegler in überreichem Maße innewohnen muß. Denn nur starke Charaktere bringen die Kraft auf, bei jedem Wind und Wetter zum verabredeten Kegelabend oder zum Training pünktlich zu erscheinen – auch wenn's im Fernsehen „Dallas“ oder die „Schwarzwaldklinik“ gibt.

Damen:
„Ich dachte, wir wollten kegeln?“

Charisma

Umstrahlt den rekordverdächtigen Super-Kegler bei einer Serie perfekter Würfe so lange, bis die Kugel von magischen Kräften gesteuert die Bande touchiert.

D

Damen

Beleben jede Kegelrunde und sind, wenn es sich um sogenannte Bessere Hälften handelt, unbedingt in das Kegelgeschehen zu integrieren: Nur auf diese Weise verhindert der leidenschaftliche Kegler häuslichen Ärger, wenn's mal später wird. Mit D. werden außerdem die Kegel 2, 3, 7 und 8 bezeichnet. Während in Deutschland und der Schweiz die offizielle Bezeichnung für die Nummer 2 „linker Vordergassenkegel", für die Nummer 3 „rechter Vordergassenkegel", für 7 „linker Hintergassenkegel" und für 8 „rechter Hintergassenkegel" lautet, spricht man in Österreich von der „linken vorderen Dame", wenn die 2 gemeint ist, der „rechten vorderen Dame" bei der 3 und der „linken hinteren Dame" bei der 7 sowie der „rechten hinteren Dame" bei der 8. Diese aus höfischen Zeiten stammenden Bezeichnungen schreiben Tradition und Kontinuität über Jahrhunderte fort und signalisieren nicht etwa das Bedürfnis, reihenweise Damen umzulegen, auch wenn diese Vermutung naheliegt.

DKB

Abkürzung für „Deutscher Kegelbund", die Dachorganisation bundesdeutscher Sportkegler. Wacht über die Einhaltung der Sportordnung mittels Bundessportausschuß, Bundesversammlung, Hauptausschuß, Bundessportwart, leitender Sportfunktionäre. Schreibt Meisterschaften aus, nimmt Ehrungen vor und verleiht das BKSA, das Bundeskegelsportabzeichen, und gibt an Mitglieder einen regelrechten „Keglerpaß" aus. Für den im DKB organisierten Kegler beginnt das Jahr übrigens erst am 15. Juli und endet am 14. Juli. Der DKB schreibt auch die Sportkleidung bei Wettkämpfen vor. Die Mannschaften müssen grundsätzlich einheitlich gekleidet sein. § 6. c): „Für männliche Jugend ist kurze Hose Vorschrift!" So streng sind da die Bräuche (siehe dort!).

Doppelfehler Begriff aus der Tenniswelt, der allerdings auch den perfekten Kegler zur Verzweiflung treiben kann; denn beim Tennis ist der Spieler zumindest selber schuld, wenn es ihm nicht gelingt, trotz zweimaligem Versuch den Ball ohne Netzberührung ins gegnerische Feld zu dreschen. Das Spiel mit der Bezeichnung „Doppelfehler" ist wesentlich teuflischer und soll schon manchen braven Mann, manch brave Frau unmittelbar in den Suff getrieben haben. Die Spielregel sieht nämlich vor, daß all die Würfe einer Mannschaft eliminiert werden, die bei drei Wurf in die vollen zweimal dieselbe Holzzahl erbringen. Prompt fallen natürlich zweimal hintereinander alle neune ...

Drei-Bahnen-Spieler Hansdampf in allen Gassen, Wortführer bei der nie endenden Diskussion, welche der drei Bahnarten – Asphalt, Bohle oder Schere – die höchsten Anforderungen an den Spieler stellt.

Drei-Bahnen-Spieler

Drei-Schritt-Anlauf Versuch, einen Bewegungsablauf so zu steuern, daß die Kugel Sekunden später genau auf dem richtigen Punkt aufsetzt und dann auch noch geradenwegs auf das dabei anvisierte Ziel zurollt. Wie erfolgreich ein sogenannter D. ist, ist beim trainingsstarken Sportkegler, der nach der Methode Ernst Bergmann vorgeht, allein von der Tagesform abhängig, beim Freizeitkegler dagegen von anderen Imponderabilien, z.B. der Zahl der Runden, die am Kegelabend bereits geschmissen worden sind.

Dynamik, eigene Wird jeder Kugel unterstellt, die nicht so läuft, wie sie soll.

E

Eckkegel, linker Standhaft wie ein Zinnsoldat, wenn er als einziger übriggeblieben ist und unbedingt fallen soll. Unterscheidet sich vom rechten Eckkegel nur dadurch, daß er links steht.

Eckkegel, rechter Bildet häufig mit dem gleichnamigen Kegel auf der linken Seite eine scheinbar untrennbare Einheit. Die beiden stehen und stehen und stehen, und wenn dann einer fällt, dann meistens der falsche.

Effet Bezeichnung für den „Dreh“, den man einer Kugel auf einer Scherenbahn geben muß, damit zumindest eine gewisse Chance besteht, daß sie ihr Ziel erreicht. Schließlich wird wie auf der Bohlenbahn „spiegelver-

Dynamik, eigene

Entgleisungen:
„He, Horst, der Bernd trinkt dein Bier."

kehrt“ (siehe dort!) gespielt: die rechte Gasse wird von links, die linke von rechts angegangen. Erfahrene Freizeitkegler schwören darauf, daß sich ihre Treffsicherheit durch die Einnahme von sogenanntem Zielwasser (siehe dort!) in geradezu sensationeller Weise steigern ließe. Alte Hasen verneinen diese Wirkung nicht, empfehlen jedoch, in vorgerückter Stunde beim Wurf jeweils ein Auge spiegelverkehrt zuzukneifen – wenn’s auf die rechte Gasse geht, das linke, und umgekehrt. Dadurch könne einem rapiden Leistungsabfall wenigstens zeitweilig entgegengewirkt werden.

Einzahlung

Augenblick der Wahrheit am Ende eines vergnüglichen Kegelabends. Wer viel berappen muß, hat zumindest den Trost, sein Geld beim nächsten Kegelausflug zum Teil in flüssiger Form wieder einnehmen zu können.

---

eng

Eigenschaftswort, das heute in jeder Situation angebracht ist: eng wird’s bei knappen Entscheidungen; wer daneben geschoben hat, bittet die Mitspieler, das alles doch nicht so eng zu sehen; und wer eng sagt, wenn er heiß meint, zeigt den totalen Durchblick durch die Jugendszene.

Entgleisungen

Kleine Gemeinheiten, mit denen der Gegner aus dem Konzept gebracht werden soll (siehe auch „Sprüche, dumme“!), haben mit Fair play nichts zu tun; deshalb ist der Begriff für Kegler ein Fremdwort.

Ersatzmann

Beim Kegeln absolut einmalige Erscheinung; denn bei Wettkämpfen kommt ja laut Statuten ein E. stets nur ran, wenn ein Spieler ausfällt.

Erster

Nur wer ihn richtig trifft, kann E. werden (siehe auch „Vorderkegel“!).

F

Fair play	Guter Vorsatz.
Fehlwurf	X.
Fingerspitzengefühl	Wer bezweifelt, daß es auch beim Kegeln darauf ankommt, braucht nur einmal – statt vorschriftsmäßig mit beiden Händen von der Seite – bei der Kugelentnahme von hinten zuzufassen und sich die Finger von einer zurücklaufenden Kugel einquetschen zu lassen.
FIQ	Abk. für „Free Intelligence Quotient". Damit wird das Maß für die allgemeine intellektuelle Leistungsfähigkeit bezeichnet, das sich aus dem Verhältnis von Intelligenzalter zum Lebensalter ergibt. Wurde speziell für international tätige Kegler eingeführt, um ihre Spielfähigkeit (siehe dort!) nach genau vorgeschriebenen Kriterien testen zu können. Proteste der betroffenen Spieler, die zunächst Intelligenztests bei den mit der Prüfung beauftragten Funktionären verlangten, verhallten bislang ungehört.
Fisch	Bezeichnung für das Kunststück, eine Kugel so geschickt an den bereitstehenden Kegeln vorbeizuschieben, daß nicht einmal der entstehende Luftzug einen umfallen läßt.
Fortgeschrittene	Bezeichnung für eine Stunde während des Kegelabends, da auch den sogenannten Fortgeschrittenen nicht mehr alles gelingt.

Fair play

Freibier:
„Kann ich dann schon mal mit dem Aufwischen anfangen, Chef? Ich möchte heut' mal früher Schluß machen."

Foul

Begriff aus dem Bowling. Laut Sportordnung des DKB (siehe dort!) gilt z. B. als Foul, „wenn ein Spieler mit einem Körperteil die Bahn, Bahnausrüstung oder einen Teil des Gebäudes jenseits der Foullinie berührt".

Frame

Rahmen, der dem Bowlingspieler gesteckt ist, um mit zwei Würfen alle Höhen und Tiefen dieses Spiels von „Strike" bis „Gutter" zu durchlaufen.

Freibier

Der Hobbykegler kommt auf zweierlei Weise mit F. in Berührung. Entweder durch das gleichnamige Einzelspiel in die vollen, bei dem für jeden Teilnehmer ein Bierkrug an die Tafel gemalt wird, der mit jeweils 13 Holz gefüllt werden muß. Wenn die Hälfte der Teilnehmer das geschafft haben, siegt derjenige mit der höchsten Punktzahl. Das ist gewissermaßen die „trokkene" Version des F. Bei der feuchtfröhlichen, die als die beliebtere zu gelten hat, fällt dem Teilnehmer lediglich die Aufgabe zu, eines der Gläser zur Hand zu nehmen, das die Bedienung auf Bestellung eines der Mitspieler oder einer der Mitspielerinnen auf einem Tablett serviert hat (siehe auch „Geburtstag"!). Die größte Begeisterung löst die Ausgabe von F. naturgemäß dann aus, wenn der Wirt einmal seine Freizeitkegler damit bedient.

Freizeitkegler

Nicht ganz so abschätzig wie „Wirtshauskegler" klingende Bezeichnung, mit der sich das Heer der rund hunderttausend Sportkegler in der Bundesrepublik Deutschland von Millionen Kegelfreunden abgrenzt – als ob die Sportkegler nicht auch in ihrer Freizeit

	kegeln müßten. Denn die echten Profis sind bei uns dünn gesät (siehe auch „Lebensunterhalt“!).
Freizeitwert	Der F. des Kegelns ist unbestritten. Ein echter Sportkegler hat ohnehin für andere Verrichtungen außer Training und Wettkampf keine Zeit, erst recht nicht für seine Frau, wenn er denn überhaupt eine hat, die nicht ebenfalls demselben Ehrgeiz verfallen ist. Die sogenannten Wirtshauskegler sind in der Beziehung echt besser dran. Sie dürfen Kugeln allein zu ihrem Vergnügen schieben und sich gleichzeitig einer Reihe anderer hingeben (siehe auch „Mallorca“!).
Freud', Spaß an der	Hobbykeglers Wahlspruch (siehe auch „Pudel“!).
frisch	Bezeichnung für den Zustand bei Beginn des Kegelabends: a) der Bahn, b) der Luft, c) der Bedienung, d) der Kegler. Den Gegensatz dazu siehe unter „Spielfähigkeit“!
Fußspitze	Hat bei Wettkämpfen das lästige Bestreben, die weißen Linien, die den Spielbereich markieren, noch vor Ankunft der Kugel im Ziel zu übertreten.

Freizeitwert:
„Los, und jetzt der Nächste!“

G

Gasse, große Flanier-Boulevard, der beim Kegelausflug den größten Eindruck hinterläßt, z.B. der Ku'damm in Berlin oder ein ganzes Viertel wie St. Pauli in Hamburg (Zutreffendes bitte aus eigener Erinnerung ergänzen!).

Gasse, kleine Grundsätzlich für Fußgänger reservierte, vom übrigen Verkehr abgegrenzte Straße.

Gassenzwang Wie der Begriff bereits andeutet: eine geradezu zwanghafte Sucht, nach Abschluß des Kegelabends nicht geradenwegs nach Hause zu gehen, sondern den Nachdurst in Gassenschenken zu stillen.

Gastkegler Immer wiederkehrende Erscheinung bei Kegelabenden. Fühlt sich, wenn er einmal akzeptiert ist, ausgesprochen wohl und hat auch allen Grund dazu: Die Statuten des Kegelvereins, in dessen Revier er wildert, gelten nur an diesem einen Abend für ihn. Er unterliegt keiner Präsenzpflicht, man nimmt ihm nicht übel, wenn er zu spät kommt oder zu früh geht. Mit der Eintrittsgebühr und einer Runde für alle ist er dabei. Es soll Kegler geben, die sich einen Sport daraus machen, ständig andere Vereine heimzusuchen (siehe auch „Kuckuck"!).

Geburtstag Ist bei Sportkeglern im Spielerpaß erfaßt. Den G. zu übergehen gilt in Hobbykegler-Kreisen als unschicklich, zumal leugnen zwecklos ist. Schließlich ist in einem ordentlich geführten Kegelvereinsbuch ohnehin der G. jedes einzelnen Spielers notiert. Daß die Anzahl

Geburtstag

gefallen:
„Das ist die letzte Kugel, Otto.
Mehr habe ich nicht auftreiben können."

und Intensität der Hochrufe, die auf das Geburtstagskind ausgebracht werden, in unmittelbarem Zusammenhang mit der Anzahl der geschmissenen Runden und deren Qualität steht, bleibt unbeweisbar, solange das Ausbringen von Hochrufen statutenmäßig noch immer nicht allgemein verbindlich geregelt ist.

---

gefallen Schicksal eines jeden Kegels: Irgendwann ist er dran.

---

gekehlt Würgemal, mit dem Spieler herumlaufen müssen, die irgendwann einmal gegen die Statuten des Vereins gesündigt haben und deshalb von den Mitspielern in den Schwitzkasten genommen worden sind.

Geld Segensreiche Erfindung, weil damit Spielschulden bezahlt, Runden geschmissen und Kegelausflüge organisiert werden können. Auch ansonsten ganz brauchbar.

Gesamtlänge Zeitdauer, die ein Hobbykegler, der ohne seine Ehefrau zum Kegeln geht, vom Verlassen des Hauses bis zu seiner Heimkehr braucht. Kommt er lange nach Beginn der Sperrstunde, kann das verschiedene Gründe haben, von denen meistens keiner stimmt (siehe auch „Gassenzwang“!).

Gesang Bester Beweis, daß es sich bei sangesfreudigen Keglern grundsätzlich um gute Menschen handeln muß; denn böse haben bekanntlich keine Lieder.

Gewicht Auf das richtige G. wird heute streng geachtet
a) bei der Kugel/dem Ball
b) bei dem Spieler/der Spielerin.

Grundstellung:
„Und ganz wichtig dabei ist, Frl. Schneider, daß Sie völlig locker bleiben.“

In der guten alten Zeit, als es noch gang und gäbe war, die Kugeln aus Holz zu drehen, schliffen sie sich bei längerer Benutzung immer stärker ab und veränderten auf diese Weise ihr G. Man konnte die in den Ablaufrillen bereitliegenden Kugeln mit schnellem Griff gegeneinander abwägen und die für den nächsten Wurf passendste wählen, mal die schwerere, mal die leichtere. Heutzutage, da das Warten (siehe dort!) auf eine Kugel ohnehin nicht gestattet ist, spielt das G. eine untergeordnete Rolle – bei den Kugeln (siehe dort!). Ganz anders bei den Teilnehmern.
In der guten alten Zeit, als es noch gang und gäbe war, alles zu essen, was einem schmeckte, erfreute sich das Auge an den von Jahr zu Jahr üppiger werdenden barocken Formen der unter b) Genannten. Im Zeitalter der Diätpläne, des wachsenden Gesundheitsbewußtseins und eines veränderten Schönheitsideals spielt das G. eine überaus wichtige Rolle. Der/die kluge Kegler/in pfeift auf alle Fastenkuren, weil er/sie weiß, daß es allein auf die Holzleistung ankommt (siehe dort!).

Grenzstrich

Imaginäre Linie auf Bürgersteigen, mit der Konkurrentinnen derselben Branche ihr Revier gegeneinander abgrenzen, wird vom Kegler auf dem sogenannten Kegelausflug (siehe dort!) zu vorgerückter Stunde auf der Suche nach der geeigneten Partnerin leichtfüßig überschritten.

Grundstellung

Gehört zum Wichtigsten, was Kegler beiderlei Geschlechts so früh wie möglich lernen und perfekt beherrschen sollten (siehe auch „Paarkampf“!).

Gutter

Im Gegensatz zum Wortstamm „Gut" weder gut noch ein erstrebenswertes Gut, bedeutet der Begriff doch beim Bowling, daß der Ball die Bahn verlassen hat und in einer der rechts und links der Bahn befindlichen Rillen läuft. Es werden also 0 Pins verzeichnet. Steigerung: Miß (siehe dort!).

H

Hängt ihn auf

Beliebtes Kegelspiel, bei dem jeder Mitspieler zwei Wurf in die vollen hat. Der nächste muß eine höhere Holzzahl werfen. Schafft er's, ist der folgende Spieler an der Reihe; wenn nicht, wird für ihn bei jedem Fehlversuch Strich für Strich ein Galgen aufgebaut. Sobald zwei Spieler hängen, gewinnt derjenige, der am wenigsten Striche hat. Der rauhe Humor, der die Freizeitkegler auszeichnet, hat noch ein anderes Spiel hervorgebracht, bei dem man gar nicht erst gehängt, geteert oder gefedert, sondern gleich lebend begraben wird (siehe auch „Sarg"!).

Hakenwurf

Daß der H. beim Bowling einen Haken hat, sagt schon der Name. Gilt es doch für Rechtshänder, dem Ball kurz vor dem Aufsetzen, wenn der Daumen das Griffloch bereits verlassen hat, mit den beiden anderen Fingern eine scharfe Linksdrehung als Antrieb zu geben.

Hakenwurf:
„Tag Erwin, schon da?“

Dies soll im Endergebnis beim Spiel in die vollen dazu führen, daß der in Richtung auf Pin 3 abgesetzte Ball kurz vor dem Ziel eine ruckartige Abweichung nach links in die Gasse eins bis drei macht.
Das erstaunlichste an dieser Übung ist, daß sie tatsächlich auch überraschend oft gelingt. Wenn nicht: siehe unter „Gutter“ und „Miß“!

Hase und Igel Amüsante Anleihe an die Geschichte vom Wettlauf zwischen Hase und Igel, die bekanntlich zugunsten des Igels endete, weil er mit seiner Frau gemeinsame Sache machte. Bei diesem Kegelspiel werfen die Hasen in die vollen, gefolgt von den Igeln, die mit zwei Wurf abräumen müssen, wobei ein Kranz nur bei ihnen 33 Punkte zählt. Sieger ist die Mannschaft, die zuerst 99 Holz erreicht hat. Die Unterstützung durch die eigene Frau/Lebensgefährtin/Freundin/Geliebte (Zutreffendes bitte unterstreichen!) ist nur dann erlaubt, wenn sie derselben Mannschaft wie man selbst angehört.

Hausbahn Bietet Heimvorteil (siehe dort!).

Hausnummern Spiel in die vollen, das – wie der Name schon sagt – von allen streng verheirateten Keglern und Keglerinnen selbstverständlich in erster Linie zu Hause gespielt wird. Man unterscheidet hohe und niedrige H., wobei vorher nicht angesagt werden muß.

Heimvorteil Dort weiß man, was man hat. Außerdem kann man ihn ständig nutzen. Wenn die verheirateten Kegler/innen den H. dennoch gelegentlich freiwillig aufgeben, liegt das nicht am Heim, sondern an dem Vorteil einer neuen Erfahrung, den sie daraus ziehen möchten.

Hausbahn:
„Na, was ist los? Bequemt sich von euch dreien da drinnen mal eine, uns die Kegel wieder aufzustellen?“

high	Bezeichnung für das Lustgefühl, das einen Kegler in Gedanken vom Boden abheben läßt, sobald er drei Naturkränze hintereinander geworfen hat.
Hilfsmittel	a) Beim Bowling werden als H. die Markierungen bezeichnet, die in Pfeilform 3,66 bis 4,88 Meter jenseits des Grenzstrichs (siehe dort!) auf dem Parkett angebracht sind, um als Orientierungshilfen für die Auflage des Balls und das Anspielen der Pins zu dienen. b) Beim Bowling wie beim Kegeln, das allein wegen des „Spaßes an der Freud'" (siehe dort!) betrieben wird, sind – von Verein zu Verein verschieden – noch andere H. erlaubt. Als Dopingmittel allgemein benutzt wird das sogenannte Zielwasser (siehe dort!).
Hintergassenkegel	Bei Österreichs Kegelfreunden kennt man keine H., sondern nur linke und rechte hintere Damen. Aber die fallen auch nur dann, wenn man richtig schiebt.
Hoffnung, letzte	Der für Sieg und Niederlage einer Mannschaft entscheidende letzte Wurf (siehe auch „Pudel"!).
Holz, Gut	Schlachtruf der Kegler, wenn sie plötzlich viel Holz vor der Hütt'n sehen.
Holzleistung	Spezialausdruck der Kegler-Sprache, wird von alten Hasen auch im Alltag angewandt, zum Beispiel wenn es darum geht, die Oberweite von Bewerberinnen bei Schönheitskonkurrenzen abzuschätzen.
hüftsteif	Abschätzige Klassifikation für einen Freizeitkegler, der zu Beginn des Kegelabends bockstark begonnen hat, im Verlaufe der Stunden aber zusehends abschlafft und keinen gescheiten Beitrag für seine Mannschaft oder zumindest das allgemeine Vergnügen beisteuern kann oder will.

Hilfsmittel

I/J

Indianerpfeil	Bei diesem Einzelspiel werden nur die Kegel 1, 2, 3, 5 und 9 aufgestellt. Bei je zwei Wurf in vier Durchgängen bekommt der Spieler 10 Punkte, wenn es ihm gelingt, alle fünf abzuräumen, sonst nur die Zahl der gefallenen. Die höchste Punktzahl gewinnt. Man kann vorher beschließen, daß die Pfeilspitze vergiftet ist. Dann muß der Sieger eine Runde zahlen.
irre	Höchste Anerkennung für eine keglerische Leistung, die den Rahmen des Gewohnten sprengt. Aber natürlich kann auch ein Kegler/eine Keglerin, ein Bowler/eine Bowlerin dieses Prädikat aufgrund des starken Eindrucks, den er/sie macht, zugesprochen erhalten. Wer also „irre" rauskommt, ist der/die Größte, claro?
Joker	Auswechselspieler, der besser als sein Vorgänger ist.
juchhu!	Ausdruck überschäumender Lebensfreude, wenn „Alle neune" oder ein „Kranz" fallen. Bei Heimvorteil (siehe dort!) öfter als sonst zu hören.
Jugendliche	Müssen, falls männlich, in kurzer Hose kegeln (DKB-Sportordnung, § 6.c). Für weibliche J. sind Röcke vorgeschrieben. Ob Höschen darunter getragen werden müssen, ist nicht ausdrücklich erwähnt, kann also nach Belieben gehandhabt werden und sollte von der Temperatur an der Kampfbahn bzw. von der anzuwendenden Taktik abhängig gemacht werden.
Jugendsprache	Hat längst Eingang in das Vokabular jedes Keglers gefunden, der mal echt Power rauslassen will.

juchhu!

Kassenbuch:
„Versteht Ihr jetzt wenigstens, warum er sich so nach unserem Kassenbuch-Posten gedrängt hat?“

K

Kampfleiter

Begriff aus der Technik, bezeichnet einen Stoff, der Energie leitet. Es gibt gute und schlechte Leiter. Der Zusatz „Kampf“ (entwickelt aus dem althochdeutschen „champf“, wohl lt. Duden von dem lateinischen „campus“ = Feld; Schlachtfeld) deutet auf die ewige Auseinandersetzung zwischen Mensch und Technik hin, die im Kegelsport eine interessante Variante findet.

Kassenbuch

Gibt Auskunft über das Vermögen des Vereins und das Unvermögen des Kassenwarts, die vereinnahmten Beträge über einen längeren Zeitraum festzuschreiben (siehe auch „Kegelausflug“!).

Kegel

Auf Altbairisch und Tirolerisch heißt „Kegel“ auch Gelenkknochen, daher stammt auch der Begriff „auskegeln“, „auskugeln“. Im Deutschen Wörterbuch von Jacob und Wilhelm Grimm heißt es: „kegel im kegelspiel auf der kegelbahn, so am häufigsten im volksgebrauch, wol von jeher, denn das spiel scheint von hohem alter; mhd. der kegel spiln ...“ Erwähnt wird auch der Begriff „kägelhölzelein“ – schon im 16. Jahrhunderts. Grimms Wörterbuch erforscht auch das Auftreten des Worts in unseren Nachbarländern:

a) Niederländisch: kegel
b) Dänisch: kegle
c) Schwedisch: kägla
d) Russisch: kegel, keglja
e) Wendisch: kehel
f) Slowenisch: kegel

Kegelausflug:
„Ich hab sie, ich hab sie!“

a) Litauisch: kegelys und kegle
h) Finnisch: keila
und kommt deshalb zu dem Schluß:
„So scheint das kegelspiel mit deutscher sitte nach dem osten gewandert.“ Und das Französische „quille“ leitet sich offenbar aus dem althochdeutschen Wort „chegil“ ab.
Kein Wunder, daß bei so alter Tradition die Bräuche streng sind (siehe dort!).

Kegelabend Für den echten Kegler ist der K. der Höhepunkt der Woche – nicht Denver, Dallas oder die Sportschau.

Kegelausflug Für den echten Kegler ist der K. der Höhepunkt des Jahres – nicht das Herumgammeln an den Stränden der Adria, der Malediven oder Hawaiis.

Kegelstandplatte Gemischter Teller, vorzugsweise mit Appetithäppchen und Snacks, der zum Standardangebot der jeweiligen Gaststätte mit Kegelbahn gehört. Wird zu vorgerückter Stunde gern mehrfach geordert (siehe auch „Gewicht“!).

Kehlung Neben Beschaffenheit und Alter des Holzes ist das Ausmaß der sogenannten K. auf Bohlenbahnen die meistgenannte Ausrede beim vermehrten Auftreten von Pudeln (siehe dort!).

Kleidung Siehe „Sportkleidung“!

---

klubeigener Im Gegensatz zum klubfremden Kegler ist der klubeigene sehr viel eigener bei der Bewertung seiner Mitkegler; er kennt sie halt länger und besser.

König	Sieht sich am liebsten vom Kranz gekrönt.
Kondition	Bei der Anmietung einer Kegelbahn hat der richtigen K. die größte Aufmerksamkeit zu gelten, später entscheidet nur noch die Tagesform des Spielers über seine K. (siehe auch „Training total"!).
Kranzgeld	Der Kranz, der früher vor allem der Jungfrau als Schmuck zustand, hat Eingang in den juristischen Begriff des K. gefunden. Damit bezeichnet man lt. Duden „die Geldsumme, die ein Mann seiner Verlobten bei Auflösung der Verlobung für die Defloration zahlen muß." Beim Kegeln ist das K. eine freiwillige Leistung dessen, der den Kranz geworfen hat: eine Lage für alle.
Kuckuck	Bezeichnung für Gastkegler, der – ohne Mitglied eines bestimmten Vereins zu sein – reihum bei verschiedenen Clubs schmarotzt, sich ohne die üblichen Verpflichtungen nur dem reinen Vergnügen hingibt und seine Kugeln in fremde Kegelstände wirft wie der Kukkuck seine Eier in fremde Nester. Wird in der Regel nicht einmal durch die Höhe des Eintrittsgelds, das ihm der Kassenwart abverlangt, nachhaltig und auf Dauer abgeschreckt.
Kugeln	Umgangssprachliche Bezeichnung dafür, daß man über etwas Lustiges sehr lachen muß. Wenn etwas zum K. ist, dann der Bierernst, mit dem manche Funktionäre in den Verbandsgremien zu Werke gehen.

Kugeln:
„Welcher Witzbold hat sich denn diesen Scherz einfallen lassen?“

L

Lauffläche

Die Ergebnisse beim Kegeln und Bowling hängen weitgehend vom Zustand der L. ab (siehe auch „Nase“ und „Schuhwerk“!).

Lebensunterhalt

Daß jeder Mensch seinen Lebensunterhalt auf irgendeine anständige Art und Weise verdienen muß, gilt unter zivilisierten Menschen als selbstverständlich und ist in der Regel kein Anlaß, ihn von der Ausübung seines allerliebsten Hobbys abzuhalten. Anders bei Keglern. Denn die DKB-Sportordnung schreibt unter Paragraph sieben vor, daß „folgenden Personen“ die Teilnahme an Sportveranstaltungen des DKB und der FIQ (siehe dort!) nicht erlaubt ist:

„a) Die sich selbst als Berufskegler oder -bowler bezeichnen;

b) die durch einen Gönner, Hersteller von Kegelbahnen, Kegelautomaten und Kegelmaterial, Halleneigentümer oder eine Agentur so unterstützt werden, daß sie in der Lage sind, ihren Lebensunterhalt ausschließlich durch Kegeln oder Bowlen zu bestreiten;

c) die aus kommerziellen Gründen ihre Erfahrungen bzw. Erfolge zu Reklame- oder Propagandazwekken verwerten, beim Schaukegeln oder -bowlen auftreten oder sich an Preiskegel- oder Preisbowlingveranstaltungen beteiligen.“

Durch die Benutzung des Begriffs „in der Lage“ und des Wörtchens „ausschließlich“ in § 7.b) wird die Bestimmung zum Gummi-Paragraphen, zur Freude der Spitzensportler und -innen.

Lauffläche:
„Jetzt habe ich es aber bald satt! Jedesmal darf ich rennen, wenn die Automatik ausfällt.“

Lockerungsübungen:
„Nun macht aber noch was locker, sonst lohnt es sich doch gar nicht zu spielen.“

Linke, der	Absolut unpolitisch gemeinte Bezeichnung für einen Spieler, der plötzlich weit unter seiner Normalform kegelt, linkisch bis zum Es-geht-nicht-mehr, als hätte er nur noch linke Daumen statt Finger. Wird in der Regel nur hinter seinem Rücken angewandt.
Lockerungsübungen	Bewegungsabläufe, die beim Hobbykegler vor allem vom rechten Arm ausgeführt werden, wobei es gilt, die Hand, deren Finger ein Glas halten muß, in schneller Folge vom Nabel zum Schnabel schnellen zu lassen (siehe auch „Zielwasser"!).
lübeckern	Ausdruck für die einzige Möglichkeit, mit seinen Kegelfreunden während einer Partie gute Geschäfte zu machen, was bekanntlich sonst nur außerhalb der Spielzeiten geschieht.

M

Mallorca	Bevorzugtes Kurzreiseziel von Kegelausflüglern, bietet im Gegensatz zu anderen Inseln (Man erinnere sich des Schlagers „Es gibt kein Bier auf Hawaii"!) in der Regel sogar die gewohnte heimische Biersorte. M. würde sich noch größerer Beliebtheit erfreuen, wenn sich dort auch genügend Nachbauten der gewohnten heimischen Kegelbahnen befänden.
Mannschaft	Geht auf den Spruch „Der Mann schafft an, die Frau gibt's aus!" zurück. In Zeiten der Gleichberechtigung völlig überholt.

Marathon

Mannschaftsspiel in die vollen, dessen Spielregel Anleihen beim sogenannten „Marathonlauf“ macht. Während ein Läufer eine Strecke von 42,195 Kilometer *allein* hinter sich bringen muß, können beim Kegel-M. mehrere Spieler zweier gleich starker Mannschaften gemeinsam auf das Ziel – 428 Holz! – losgehen. Im Gegensatz zum Marathonlauf ist es beim Marathonkegeln nicht erlaubt, während des Kampfes neben dem Sportler herzurennen und ihn mit kleinen Erfrischungen zu stärken. Derartige Stärkungen dürfen nur zwischen den jeweils zwei Schüben pro Wettkämpfer gereicht werden (siehe auch „Kegelstandplatte“ und „Zielwasser“!).

Maschinen, seillos

Stellten die Idealform des Kegelns, als noch der „Kegeljunge“ die Kegel nach jedem Schub aufstellte, vorübergehend wieder her, schufen dafür andere Probleme: Verwirrte Seile lassen sich entwirren; wenn seillose Maschinen nicht funktionieren, stehen verwirrte Spieler wie die Ochsen vor dem neuen Tor davor.

Miß

Englischer Ausdruck für „Fräulein“. Wird von Bowling-Freunden, die des Englischen nicht mächtig sind, dahingehend mißdeutet, daß es sich dabei um junge Damen handelt, die auch nach zwei Versuchen nicht zu Fall gebracht werden konnten.

Mißerfolg

Vielbejubelter Naturkranz lediger Keglerinnen (siehe auch „Miß“!).

Marathon:
„Auf fünfzehn Tage will er es bringen.
Bis dahin ist die Bahn blockiert.“

Mittelfinger

Mitgliederverzeichnis In der Hoffnung, daß kein Geburtstag übersehen wird, von Kegelvereinen mit Akribie geführte Namensliste.

Mittelfinger Für Kegler, die auf Asphalt noch mit Lochkugeln spielen, sowie für alle Bowler absolut wichtigstes Körperglied, befindet es sich doch bei der Kugelabgabe an der tiefsten Stelle der Kugel, also genau unter dem Schwerpunkt und gibt ihr den entscheidenden Impuls in die richtige Richtung. Der M. wird von alten Füchsen auch gern vor der Ballabgabe (Ball = Kugel beim Bowling) angefeuchtet in die Luft gehalten, um die Windrichtung in der Halle zu bestimmen und den Wurf danach entsprechend zu tarieren. Diese Geste kann bei gelungenen Würfen vom Kellner als Bestellung eines weiteren Bieres mißdeutet werden, ist daher mit Vorsicht einzusetzen.

Mittelkegel Treffende, aber nichtsdestotrotz an Majestätsbeleidigung grenzende Bezeichnung für den König.

N

Name, nicht sportgerecht Laut Sportordnung des DKB § 12 können „Spielgemeinschaften, die keinen sportgerechten Namen haben, an nationalen Meisterschaften nicht teilnehmen“. Es empfiehlt sich also, bei Gründung eines Kegelvereins von vornherein auf Bezeichnungen zu verzichten, die beim DKB den falschen Eindruck

	erwecken könnten, daß es den Keglern nicht um den Sport an sich, sondern vielleicht auch noch um Vergnügen anderer Art geht. Statt des Namens Kegelverein „Zur fröhlichen Schnapsnase“ wähle man zur Tarnung Begriffe wie „Zum fröhlichen Sportler“ oder statt „Club Rucki-Zucki“ die Tarnbezeichnung „Leistungsgruppe Ruck-Zuck“.
Nase	Körperteil, auf den man in Sportbowling-Hallen deshalb so ungern fällt, weil es zuviel Zuschauer gibt.
Naturkranz	Jungfräulicher Kopfschmuck, deshalb entsprechend selten und bei seinem Auftreten stets freudig begrüßt.
Normalform	Je weiter ein Kegler davon entfernt ist, desto mehr Pudel gibt es auf der Welt.
Nullwürfe	Oft die besten, sie zählen nur nicht (siehe auch „Verwarnung“!).

O

Ober	Beim Wirtshauskegeln wichtigster Mann und deshalb absolute Nummer eins. Sollte durch gute Trinkgelder ständig bei Laune gehalten werden.
Oberflächenbeschaffenheit	Vorzügliche, allgemein anerkannte, wenn auch selten akzeptierte Ausrede für einen Fehlwurf, den der Spieler dem Zustand der Bahn anlastet.

Ober

Paarkampf:
„Bis 21 Uhr war ausgemacht!
Und wie spät ist es jetzt?“

optimal — Beim Kegelsport äußerst selten vergebenes Prädikat für einen gelungenen Wurf. Wird sehr viel häufiger von der gegnerischen Mannschaft für einen Fehlwurf angewandt.

P

Paarkampf — Dabei sind bei Meisterschaften je Paar 200 Kugeln abzuräumen. Der P. ist die einzige Disziplin, die ohne zeitliche Begrenzung von den beiden Partnern auch nach dem Ende der offiziellen Veranstaltung außerhalb der eigentlichen Kampfstätte fortgesetzt werden kann.

Pin, der — Wirt einer Pinte (siehe dort!).

Pinfeld, volles — Anregendes Bild auf der Anzeigetafel, das der Bowling-Spieler erst dann mit anderen Augen ansieht, wenn es sich auch nach seinem zweiten Wurf nicht verändert hat (siehe auch „Foul"!).

Pinte — Bezeichnung für ein Lokal, in dem sich auch eine Bowlingbahn befindet.

Pokal — Wortschöpfung aus „Preis" und Lokal", deutet auf die eigentliche Bestimmung des P. hin: auf dem Regal eines Vereinslokals zu verstauben.

Preise

Für den überzeugten Kegler sind gleich zweierlei P. von eminenter Bedeutung:

a) die P., die er bei Wettbewerben gewinnen kann;
b) die P. für Waren, die seiner besseren Ausrüstung (siehe auch „Sportkleidung"!) oder seinem leiblichen Wohl dienen.

Die unterschiedliche Bedeutung der unter diesem einen Begriff zusammengefaßten Bezeichnungen verdeutlicht die simple Erkenntnis: Die unter a) genannten P. können nie teuer, die unter b) nie niedrig genug sein.

Prellpolster

Vom Körper in weiser Voraussicht angelegte Fettreserven, die auch den temperamentvollsten Kegler beim Sturz auf Kegel- oder (häufiger!) Bowlingbahnen sanft abfedern (siehe auch „Nase"!).

Pudel

Wieso ein Fehlwurf beim Kegeln ausgerechnet nach einer der beliebtesten Hunderassen benannt ist, fragt nur derjenige, der nicht schon einmal in der entscheidenden Phase eines Mannschaftsspiels, wenn alle Augen (und Hoffnungen) auf ihm ruhten, einen P. geschoben hat und hinterher wie ein begossener Pudel dastand.

Q

Quickie

Wurf in die Vollen, bei dem tatsächlich alle fallen. Gegensatz: Pudel (siehe oben). Beim Bowling kann ein sogenannter Q. auch mit X bezeichnet werden (siehe dort!).

Preise:
„Eins dürfte wohl klar sein, wir müssen auf den dritten Platz hinspielen.“

Raketenstart

R

Raketenstart	Bezeichnung für einen Anlauf, bei dem der Kegler seine Kugel mit solcher Wucht auf die Reise schickt, daß weder Kugelfang noch Erdanziehungskraft sie bremsen kann (siehe auch „Satellit“!).
Ranglistenturnier	Tag der Wahrheit für die Sektion Bowling im DKB.
Rechte, der	Kegel, der bekannt dafür ist, daß er häufig gerade dann stehen bleibt, wenn er unbedingt fallen muß.
Reibungsverlust	Einleuchtende Erklärung dafür, daß eine Kugel eine Spur langsamer im Ziel ankommt, als sie angeschoben wurde. Die Berechnung des R. in Verbindung mit Wurfstärke, Geschwindigkeit und Schwerkraft ist eine Geheimwissenschaft, die sich nur Erleuchteten eröffnet. Der Freizeitkegler von Format ersetzt den Mangel an kabbalistischer Weisheit durch Konzentration beim Anlauf, geduldiges Üben und die daraus resultierende Erfahrung. Wenn die Tagesform dennoch zu wünschen übrigläßt, hilft u.U. auch die Einnahme bestimmter Dopingmittel (siehe auch „Bewegungsablauf“!).
Richtungswurf	Bezeichnung für eine Wurfart beim Bowling, bei der ein Kegler den Ball im Gegensatz zum Bogen-, Haken- oder Rückhandbogenwurf mit Hilfe der „Range finders“ (siehe „Strich“!) genau in die Richtung der zu treffenden Pins schiebt. Wieso auch ein R. danebengehen kann, fragt der Anfänger die Kegelgötter meistens vergeblich.

Rückhandbogenwurf	Beim Tennis: Wurf des Schlägers in Richtung Schiedsrichter. Beim Kegeln: Ist stark im Umwerfen, mit großem Spielraum, verlangt aber vom Spieler, daß er einen ungemein guten Tag hat, um den günstigsten Bogen zu berechnen. Wer Pudel liebt, spielt R.
Runde	Fachausdruck aus dem Lexikon des Freizeitkeglers, besonders beliebt im Zusammenhang mit dem Tätigkeitswort „schmeißen“.

S

Sarg	Ist nirgendwo sonst so beliebt wie beim Kegeln (siehe auch „Sargkegeln“!).
Sargkegeln	Einzelspiel in die vollen, das erstaunlicherweise ungemein beliebt ist, obwohl alle bis auf einen daran glauben müssen.
Satellit	Kugel, die allerdings nicht der Norm des DKB entspricht (siehe auch „Raketenstart“!).
Schaltpult	Elektronischer Kegeljunge, steuert die Kegel nach Vorgabe, ist bei Seilsalat hilflos – und sowieso immer nur so gut wie das Gehirn, von dem es programmiert wird.
Scherenspieler	Die Adam Riesen unter den Keglern.

Schaltpult:
„Nun, ich höre! Wer meldet sich freiwillig, als Kegeljunge heute abend einzuspringen?“

Schnapsdrossel:
„Jetzt zeige ich euch Pfeifen mal, wie man die vier Kegel da vorne abräumt."

Schnapsdrossel	Zwitschert gern einen. Unter Keglern weitgehend unbekannte Spezies.
Schönheit siegt	Überaus beliebtes Einzelspiel in die vollen, bei dem jede(r) Spieler/Spielerin ein Portrait von sich an die Tafel zeichnen darf. Bei zwei Holz dürfen die Augen, bei drei die Ohren, bei vier die Nase, bei fünf der Hals, bei sechs der Mund, bei sieben Holz die Haare eingezeichnet werden. Wer als erster von der Tafel lacht, hat gewonnen. Das lustigste Bild wird prämiert. Variante: Man darf je nach Wurf alles doppelt und dreifach einzeichnen. Statt der Schönheit siegt Picasso.
schräg stehend	Was sich dem Auge des Betrachters derart darbietet, gilt als nicht gefallen. Gilt für Kegel und Kegler.
Schuhwerk	Die einzige individuelle Note des Sportkeglers, von seinem Stil einmal abgesehen.
Sechstagerennen	Mannschaftsspiel in die vollen, bei dem statt Rädern Kugeln rollen.
Seiltrick	Zauberkunststückchen, zu dem keine Schlange gebraucht wird.
Spare	Meistens vergebliche Aufforderung der Ehefrau eines Bowling-Spieler, mit dem Geld beim Kegelabend sparsam umzugehen.
Spender	Bei besonders üppiger Runde (siehe dort!) durch den Zusatz „der edle“ geehrt.

spiegelverkehrt	Spielweise bei Bohlen- und Scherenbahn, durch die der Kegler gezwungen ist, die Kugel mit Effet genau in die Richtung zu schieben, in die sie schlußendlich nicht laufen soll.
Spielfähigkeit	Grundsätzlich unterschieden wird die S. des Sportkeglers von der S. des Unterhaltungsspielers. Ein echter Sportkegler ist im Prinzip immer spielfähig, es sei denn, ein mißgünstiger Kontrahent hat ihm versehentlich eine geschoben. Beim beliebten Wirtshauskegeln (siehe dort!) hängt die S. dagegen von der Anzahl der Runden ab, die geschmissen worden sind. Merke: Die S. ist stets dann gegeben, wenn der Kegler durch Zukneifen eines Auges die Anzahl der nach dem letzten Wurf stehen gebliebenen Kegel mühelos halbieren kann.
Spielraum	Nichtraucherzone.
Sportkleidung	Sichtbarster Unterschied zwischen Sport- und Freizeitkegler: Der eine muß, der andere kann sie tragen.
Sprüche, dumme	Würze des Spiels.
Störung	Tritt stets dann auf Anzeigetafel oder Schaltpult auf, wenn es gerade am spannendsten ist.
Strahlwurf	Naturneuner oder Naturkranz (siehe dort!), erzeugt auf dem Gesicht des Spielers ein überirdisches Strahlen, sobald der Wurf auf der Anzeigetafel erscheint.
Strich	Einer der „Range finders“ auf der Bowlingbahn, steht mit den durch Kegelausflüge auch Spielern aus der Provinz bekannt gewordenen Sperrzonen in Großstäd-

Spielfähigkeit:
„Tut mir leid, Jungs, aber heute abend halten mich widrige Umstände von unserem gemeinsamen Kegelabend ab.“

ten in keinerlei Zusammenhang (siehe auch „Gasse, große"!).

T

Taktik

Die beste T. nützt nichts, wenn der Spieler einen rabenschwarzen Tag erwischt hat. Für den erfahrenen Wirtshauskegler hat sich immer noch die T. als die beste erwiesen, die Mitkegler durch großzügiges Rundenschmeißen leicht zu alkoholisieren, selbst aber nur wenig zu trinken, um auf diese Weise mit klarerem Auge die besseren Chancen herauszukegeln. Es fragt sich nur, was teurer kommt.

Tannenbaumkegeln

Keglers Traum: auch unterm Weihnachtsbaum schieben zu dürfen.

Totalisator

1. Staatliche Einrichtung zum Abschluß von Wetten auf Rennpferde.
2. Sammelgefäß für Niederschläge, insbesondere des Schweißes der Tüchtigen, die von einem
3. Trainer zu Höchstleistungen angespornt werden (siehe auch „Training total"!).

Training total

400 Schübe minimum.

Turnschuhe

Während sich der Kegler auf Bohlen-, Scheren- und Asphaltbahnen mit normalen T. begnügen kann, geht's auf Bowlingbahnen kaum ohne ein ungleiches Paar: der rechte mit Lederspitze und Gummisohle, der linke mit Ledersohle. Wer ohne solche Spezialschuhe

Taktik:
„Kannst du was verstehen, Herbert?“

auszukommen meint, läuft Gefahr, auf ein Körperteil zu fallen, das besonders schmerz- und druckempfindlich ist (siehe auch „Nase“!).

U

übertreten Sicherste Methode, zu einem ungültigen Versuch zu kommen.

Übungsleiter Sprossenwand, an der Kegler zum Zwecke besserer Kondition geschunden werden (siehe auch „Training total“!).

Unterstützung Anfeuerungsrufe sind die einzige erlaubte Art von U., die dem Kegler von seinen Mitspielern gewährt werden darf. Treffen muß er allein.

V

Vereinsbuch Regelt Rechte und Pflichten der Mitglieder, die Höhe der Strafen fürs Zuspätkommen und Zufrühgehen, den Grundbetrag pro Kegelabend, die Summe pro verlorenes Spiel und die für das Werfen von Pudeln. Dieser strengen Statuten wegen nimmt die Zahl der Gastkegler nie ab (siehe auch „Kuckuck“!).

Vereinspokal, Deutscher Begehrte Trophäe, die nach der Verleihung das Schicksal anderer Pokale teilt.

übertreten:
„Glaub mir Hans, die einzige Möglichkeit,
dir das ständige Übertreten abzugewöhnen."

Verwarnung:
„So geht's ja nun wirklich nicht, Hermann!
Wir warten nun schon geschlagene zwei Minuten auf dich."

Verwarnung	Im Gegensatz zum Freizeitkegler, dem eine V. allenfalls droht, wenn er sich um eine fällige Lage drückt, muß der Sportkegler ihrer ständig gewärtig sein, z.B. bei a) zu früh abgespielter Kugel, b) Bodenberührung durch Körperteile, die keine Schuhe tragen (siehe auch „Nase“!), c) Abstützen an der Wand, d) Aufstützen auf den Kugelrücklauf (siehe auch „schräg stehend“!), e) Übertreten des Grenzstriches (siehe dort!). Eine V. löst ungünstigstenfalls die Streichung des Wurfergebnisses aus. So nimmt es niemand wunder, daß davon in erster Linie Würfe betroffen sind, auf die der elektrische Bildanzeiger beim Freizeitkegeln mit fröhlichem Gebimmel und die Mitspieler mit Freudengeheul reagieren würden (siehe auch „Naturkranz“!).
Vier-Schritt-Anlauf	Bewegungsablauf, der mit der Präzision eines Uhrwerks abrollen sollte. Da die innere Uhr selbst bei Spitzensportlern nicht immer richtig geht, hat auch der Nachwuchs ständig eine neue Chance.
vollen, in die	Immer wieder lustvoll im Vollgefühl der Kräfte erlebte Vorfreude, die erst durch den Blick auf die Anzeigetafel getrübt wird.
Vollkugel	Bezeichnung für ein Sportgerät, das laut DKB-Sportordnung nur im Vollrausch eingesetzt werden darf. Kommt deshalb nur in Ausnahmefällen zum Einsatz.

Vorderkegel Bezeichnung für die Nummer eins und den linken wie den rechten Vordergassenkegel. Wie der andere Name „Schlagkegel“ deutlich ausdrückt, haben die V. am meisten auszuhalten, leiden deshalb häufig unter Berührungsangst und verstehen es auf äußerst mysteriöse Weise, ohne ihren Standpunkt im eigentlichen Sinn zu ändern, die heranrollende Kugel an sich vorbeizulenken.

Vorkegler Mitspieler, der vorher weiß, wie er hinterher kegelt. Unschlagbar beim Mannschaftsspiel „Hohe Hausnummern“. Wird dennoch meistens schnell als Spruchbeutel entlarvt.

W

Wanderpokal Ist gegenüber den normalen Pokalen insofern im Vorteil, als er öfter geputzt wird.

warten Das bei Keglern früher in der seligen Zeit der Holzkugeln so überaus beliebte W. auf die gewichtsmäßig und auch sonst beste, handschmeichlerischste Kugel hätte gar nicht offiziell verboten werden müssen: Die genormten, gleichgewichtigen Kugeln von heute lassen ohnehin Vertraulichkeiten zwischen Kegler und Kugel nicht mehr zu.

Werbebahnen Vorgeschriebene Bezeichnung für Kegelbahnen, auf denen – nur mit Genehmigung des DKB! – während Turnieren oder Sportwochen ein sogenanntes „Werbe-

warten:
„Nun entscheide dich doch endlich! Wir haben die Bahn ja nicht ewig gemietet."

Wirtshauskegeln:
„Die Kegelbahn wird heute abend nun doch nicht mehr frei. Der Wirt erlaubt sich deshalb, Ihnen – auf Kosten des Hauses – diese kleine Entschädigung zukommen zu lassen.“

kegeln“ durchgeführt wird. Sinn dieser Veranstaltungen ist es, endlich einmal in aller Deutlichkeit auf die Namen einschlägig bekannter Sportartikelhersteller hinzuweisen, die sonst nur verschämt vorgezeigt werden. (§ 6.e der) DKB-Sportordnung: „Auf der gesamten Sportkleidung einschl. Trainingsanzug sind Firmennamen und Firmenabzeichen nicht gestattet. Ausnahmen: ... 2) Firmennamen und -abzeichen von Sportbekleidungsherstellern dürfen in der Größe 3x4 cm an der Sportkleidung vorhanden sein ...“) Beim Werbekegeln treten die Spieler als eine Art Dressman bzw. Mannequin für A. und P. auf und werden von leitenden Sportfunktionären über Lautsprecher unter besonderem Hinweis auf die Qualität der Ausrüstung angesagt. Die Einnahmen aus diesen Zurschaustellungen fließen einer schwarzen Kasse des DKB zu und dienen der Finanzierung von Kegelausflügen der Mitglieder von Bundesversammlung und Hauptausschuß (die selbstverständlich inkognito reisen). Mehr über diese bisher weitgehend unbekannte, ausschweifende Lebensweise der Sportfunktionäre unter „Zuwiderhandlung“!

Wirtshauskegeln — Spaß an der Freud’.

Wurfschein — Größerer Geldschein, der bei der Abrechnung des Verzehrs nach dem Kegelabend auf dem Tablett des Obers landet.

Wurfzeit — Die Sekunden, die der Wurfschein braucht, um auf das Tablett des abkassierenden Obers zu segeln.

XYZ

X	Strikesymbol beim Bowling, bedeutet: zehn Pins mit dem ersten Wurf zu Fall gebracht. Entspricht einem Naturkranz mit Krönchen beim Kegeln und zieht beim Wirtshauskegeln unweigerlich eine Lage nach sich. Merke: Vorsicht! Ein X nach dem anderen werfen kann teuer zu stehen kommen ...
Y-Chromosom	Ungemein wichtiger Erbfaktor, bestimmt er doch darüber, ob's ein Junge oder ein Mädchen wird. Ohne Y. gäbe es keine männliche Dominanz im Kegelsport, also auch kein gemischtes Doppel, halb so viel Spaß beim Freizeitkegeln – und keinen Begriff unter dem vorletzten Buchstaben des Alphabets.
zahlen	Unbeliebtester Augenblick beim Freizeitkegeln, ohne den das ganze Vergnügen allerdings gar nicht möglich wäre.
Zeremonie	Von Kegelclub zu Kegelclub verschiedenes, ansonsten aber stets gleichbleibendes Ritual, mit dem „Naturkränze", „Alle neune" usw. gefeiert werden. Ist in vielen Fällen mit Geldausgeben verbunden (siehe auch „Runde" oder „Freibier"!).
Zielwasser	Erlaubtes Dopingmittel (siehe auch „Schnapsdrossel"!).
Zufall	Naturkranz eines Anfängers.
Zuwiderhandlung	Eine Z. wie die unter „Werbebahnen" beschriebene käme natürlich einem der verdienstvollen Funktionäre des DKB nie in den Sinn. In diesem Sinne: Gut Holz!

Zielwasser

Zufall:
„Können wir die Mannschaften nicht noch einmal auslosen?
Mit denen habe ich doch nie eine Chance gegen euch!“

Zweitstart

Versuch eines Hobbykeglers, seine zweite, meistens jüngere Frau in den Kegelclub einzuführen, in dem früher seine erste mitgekegelt hat. Unterfangen mit ungewissem Ausgang, von dem eher abzuraten ist. Der kluge Kegler wählt einen neuen Verein.

Fröh·li·che Wör·ter·bü·cher von A bis Z

ISBN 3–8231–0135–8

ISBN 3–8231–0126–9

ISBN 3–8231–0127–7

Jeder Band hat 96 S. und ca. 45 Karikaturen

ISBN 3–8231–0139–0

ISBN 3–8231–0116–1

ISBN 3–8231–0105–6

ISBN 3–8231–0138–2

ISBN 3–8231–0136–6

ISBN 3–8231–0110–2

ISBN 3–8231–0101–3

ISBN 3–8231–0120–X

ISBN 3–8231–0137–4

ISBN 3–8231–0121–8

ISBN 3–8231–0152–8

ISBN 3–8231–0122–6

ISBN 3–8231–0144–7

ISBN 3–8231–0114–5

TOMUS-Büche

ISBN 3–8231–0113–7

ISBN 3–8231–0107–2

ISBN 3–8231–0128–5

ISBN 3–8231–0112–9

ISBN 3–8231–0149–8

ISBN 3–8231–0129–3

ISBN 3–8231–0143–9

ISBN 3–8231–0119–6

ISBN 3–8231–0123–4

ISBN 3–8231–0134–X

ISBN 3–8231–0154–4

ISBN 3–8231–0124–2

ISBN 3–8231–0140–4

ISBN 3–8231–0117–X

ISBN 3–8231–0156–0

ISBN 3–8231–0109–9

ISBN 3–8231–0102–1

ISBN 3–8231–0111–0

ISBN 3–8231–0151–X